EXCAVAR EN EL CIELO

ZARAGOZA, 2025

RARA AVIS

SANTIAGO VICENTE GÓMEZ
(Anazul)

EXCAVAR EN EL CIELO

info@loslibrosdelgatonegro.com
www.loslibrosdelgatonegro.com
Impresión: INO Reproducciones, S.A.
Zaragoza, abril de 2025

ISBN: 978-84-127221-7-8
DEPÓSITO LEGAL: Z 606-2025
(Impreso en España)

Esta obra ha sido publicada con la ayuda del Departamento de Presidencia, Interior y Cultura del Gobierno de Aragón.

Todo intento de disciplina moral o espiritual es la lucha infructuosa de una mente que está escindida en dos y no es sincera.

Alan Watts, *Naturaleza, hombre y mujer*

Santi, tú eres un poeta moral.

Nacho Escuín

...pero la ética es la forma reflexiva que adopta la libertad.

Michel Focault

En el idioma chino los conceptos abstractos y complejos se representan mediante la unión de ideogramas simples, fácilmente dibujables. Así, «moral» se compone de los ideogramas de

caminar

corazón

uno

diez

ojos

de ahí se deduce la idea china de moral: caminar con el corazón de uno como si diez ojos te observaran[1].

Nos observan nuestros propios ojos, los ojos de los otros y el gran ojo universal al que tantos quieren representar; pero todos son el mismo. Un ojo único que solo sabe mirar dónde y cómo le han dicho, un ojo del que no podemos escapar porque ese ojo somos nosotros mismos.

Un ojo que nos mira desde arriba y a la vez desde dentro.

Un ojo que excava en el cielo.

---

1 Extraído del *Manual de Escritura de los Caracteres Chinos*, Pedro Ceinos Arcones, Miraguano Ediciones, 2013.

Génesis

En archē ēn ho Lógos, kai ho Lógos ēn
pros ton Theón, kai Theós ēn ho Lógos.

[En el principio era el Verbo, y el Verbo era
con Dios, y Dios era el Verbo].

Evangelio de Juan 1,1

...porque la letra mata, mas el Espíritu
vivifica.

San Pablo, Cor 3:6

El verbo fue el principio
de la trampa.

Mandamientos

Ametralla al mundo con tus buenas acciones.
No quites jamás el dedo del gatillo,
sigue disparando,
cuida al niño,
escucha al viejo,
abraza al loco,
come cerdo,
bebe vino,
paséate desnudo.
Guarda la otra mejilla
para el siguiente beso.

Determinación
(Baile)

Todo de lo que no podemos prescindir
    es baile.

Baila el carro de niño al salir a la calle.
Baila el ataúd al entrar en la iglesia.
Baila el privilegio y el desprestigio,
y baila el erudito y el salvaje.

Hay quien no come,
hay quien no habla,
hay quien no se mueve
y, aun así, baila.

Baila el pecado y lo sagrado,
baila el dinero y el abrazo,
baila el viejo en el meme del móvil,
y baila el ahorcado en la celda de su
    cabeza.

Hay quien no bebe,
hay quien no vive,
hay quien no muere
y es quien más baila.

dios
(Propuesta para el fin del conflicto religioso)

Todos los dioses
(incluso el que no existe)
son uno solo:
El del otro,
no el tuyo.

Costumbre

Con ojos perforados por la costumbre
quitamos importancia a todo lo
    importante de la vida.

La gente suele vivir igual que folla:
con miedo, con desgana,
con quien no quiere,
pensando en otra cosa,
por costumbre,
porque hay que hacerlo,
porque otro nos arrastra,
a escondidas,
grabando mientras piensa en verse luego.

Pero otros, los despiertos,
lo hacen con emoción
y con entrega,
como si cada intento fuese
el primero y el último.

Solo esos lo comprenden:
la vida es un orgasmo o es mentira.

Necesidad
(Indómito)

Es necesario
vivir en el dominio de lo indómito,
no autodomesticarse.

Cuidar de los dragones que aparecen
las noches que no duermes.
Invertir la pirámide de Maslow.

Excavar en el cielo,
desenterrar los fallos de los muertos,
coser una bandera con sus faltas.

Llevarse la contraria,
mofarse del respeto,
buscar en la basura,
comerse los desechos,
ensuciar lo perfecto,
salirse de las normas,
abrir puertas traseras,
vivir entre lo viejo,
rajar lo conveniente,
apuñalar al triunfo,
acariciar al miedo,

descuartizar el brillo,
desmentir lo correcto,
largarse con lo puesto.

No aparcar las ideas,
hacerlas circular
en dirección contraria.

Convivencia
(Brotes)

Del huevo depositado surge una larva que crece, se introduce en la cucaracha y vive alimentándose de los órganos internos de la misma, procurando mantenerla con vida el tiempo suficiente, pero causándole a esta una muerte lenta. Una vez completado el desarrollo de la larva, esta sale del interior de la cucaracha ya muerta convertida en insecto adulto, quedando reducida la cucaracha a su exoesqueleto.

Ciclo reproductivo de la avispa esmeralda. Wikipedia.

La gran conversación entre naturaleza y hombre se ha roto, ya solo hablamos entre nosotros.

Marta D. Rietzu. *Agua y jabón*

Aún no hemos comprendido
que somos brotes con conciencia, que el
    sujeto es el mundo
y crecemos de él.

Aún no hemos comprendido
que somos todos mujeres
desangrándonos
con el flujo sangriento de la tradición,
mojando nuestras piernas abiertas a la
fuerza.

Aún no hemos comprendido
la absoluta necesidad
de continuar desangrándonos hasta
perder la fe
y el conocimiento.

Aún no hemos comprendido
que nuestra aberración fue lo sagrado
para los extinguidos.

Autocensura
(Todos somos verdugos)

La extraña polisemia del verbo ejecutar
se funde en el verdugo
que ejecuta a la vez tarea y reo.

Y de la misma forma,
nuestros procesadores personales,
en una profecía autocumplida,
cumplen su cometido y ejecutan

tareas,
      condenados,
               instrucciones,

humanos,
      sentencias,
              disidencias,

planes,

vida en definitiva.

Paraíso

El paraíso ya estaba allí
entonces empezamos a ponerle nombres
y se descomponía con cada definición.

Para esa aniquilación también fabricamos
        uno:
la llamamos descubrimiento.
Para poder seguir cortándolo en pedazos,
para hacerlo parecer lo contrario.

Todo en aras del bienestar,
palabra sospechosa,
como un sofá para faquires
atestado de cuchillas y obesidad.
¿Quién conoce el bien, de quién y para
        quién?
¿Quién sabe estar?

Nos invadió la analogía
y nos descompusimos nosotros también:
cuerpo y mente, piensa y siente.

Somos montañas de etiquetas.
¿Cómo saber en cuál de ellas anidamos?
Con el pico abierto

y los ojos cerrados
perteneciendo cada uno a seres diferentes
disgregados los sentidos y los latidos.

Esperando que las hembras carroñeras
nos traigan la comida masticada
en formato audiovisual,
los restos carcomidos
del sueño de comunicarnos.

Destino

Vivimos en la herencia de los muertos
o rehacemos el mundo en cada instante.
Es esta la única saciedad posible
o podemos saciarnos de preguntas.

Debemos amputarnos de una vez
los brazos estranguladores
de la instrucción formal
y escribir con los pies la historia libre:
una, grande, nueva.

Hay que vivir en el yo en el que nos meten,
en ese que no es mío,
que es una burda copia de los vuestros.
Si hay que salir, ¿a dónde?
¿Quién saldrá?
¿Quién será el que esté fuera?
No será el mismo yo, es imposible.
Solo somos proceso, nada fijo,
más allá de compuestos, reacciones
en la corteza prefrontal de un ser
que ignora su destino.

Bondad
(No todo está perdido)

Quizás se escuchen ahora
muchos más te quiero que antes
a las puertas de los colegios.

Quizás alguien que inventa
libros de texto para amaestrarnos
ha descubierto que no es la semántica
ni la pragmática lo que nos hiere.

Es la falta de mística en la boca,
el hielo de lo exacto, de lo literal
lo que nos mata.

Religión

La religión auténtica no es tanto una
creencia o una teoría como una práctica.
Se parece mucho al karate, digamos, o a
la repostería: es algo que uno hace con
todo su cuerpo.

Ken Wilber

La paz sea contigo, mi enemigo,
la paz sea conmigo.
Adictos al camino obligatorio,
al dogma domador del infinito,
arrepentido ya
pero os lo digo:
Crucificada la posibilidad
de sembrar juntos,
habéis dejado solo
la cascara del rito,
migajas del eureka.
El lúcido se fuga de la trama
con más pena que rabia
a abrazarse a sí mismo
a dar a los cercanos,
amigos y enemigos,
la paz.

La paz sea contigo
exenemigo.

Démonos fraternalmente la paz.

Bien

Para David y Fermín, por los viajes

Ciudades más grandes que la mía
me recuerdan que el mundo no soy yo.
Ciudades sin mi idioma.

Y sin embargo
en la plaza del Zócalo
un pintor de poemas me invita a su vida,
en la de Jemaa el-fna
un beduino me regala sus manos,
en una carretera de Nevada,
en medio de un bosque inhumano,
la mujer del oso en la cocina
nos abraza maternal.

Y 7 000 millones de poetas
respiramos el viento de los dioses,
y el único «yo» que me creo
es nosotros.

Y acabo igual que antes.
Almacenado aliento de los hombres,
        invencibles.

Todos los hombres son el mismo.

Mal
(Las cuidadoras)

Heces. Mierda.
Debería decir mierda.
Voy a decir heces.

Hay perros pequeños
tirando de ancianos
en calles sucias y mojadas.

Ancianos que enseguida
recogerán las heces de esos perros
agachándose despacio y con esfuerzo.

Ancianos, ancianas, mejor dicho,
que limpiaron las heces de sus hijos
cuando no existirá el concepto
    «desechable»
que ahora empezamos a desechar.

Y que años después limpiaron
los cuerpos de sus madres dementes
cubiertos de heces más hediondas aún.

Una generación entera
dando gracias a la vida

que ha pasado la suya
entre las heces de los demás.

Debería decir mierda, eso es el mal.

El mal absoluto son los perros por necesidad
y ancianas doloridas
recogiendo sus heces en las calles
los días de lluvia.

Educación
(Matamos poetas)

Somos los maleducados,
el antipático del jurado
en los concursos de talentos,
podridos por dentro.

Somos los padres borrachos
que hacen hombres de provecho
con agenda en vez de corazón
en el pecho.

Matamos poetas.
Los enterramos vivos en tristezas,
los estrangulamos con horarios,
les arrancamos sus camisas de fuerza
y una vez desnudos, es decir, sin sueños,
viven encadenados
a sus cadenas de montaje.

Los matas tú cada vez que no bailas,
los matas con cada victoria.
Los mato yo cada vez que no escribo,
los mato con cada duda.

Matamos poetas, todos juntos,
degradados como palomas,
antes símbolo y ahora estorbo.
Los esquivamos
como a las ovejas en la carretera
y a la lluvia.

Mueren de hambre y de ignorancia ajena.

Privacidad

Eso es lo que nos gusta,
la propiedad privada.
Privada de decencia y de inocencia.
Nos gusta acaparar y poner puertas,
el viaje desde el miedo hasta la alarma.

Igual nos da, moriremos mañana.
Solo conseguiremos
una esquela más grande en el *Heraldo*.

Podéis venir conmigo, yo os invito
al país donde todo es importante
pero nada es crucial.
Al de la incertidumbre,
al del dormir cansado y sin pastillas,
al de toda la vida de dios.

Un dios que ya está muerto, culpa nuestra.

Dualidad
(Los ojos de dios)

Los dos ojos de dios
son agujeros negros.

No escapa ni la luz de su mirada,
todo lo fagocitan:
los flujos vaginales del futuro
de las buenas personas,
el semen de los muertos
en viajes espaciales,
en busca de lugares que expoliar,
con nuestras discusiones,
con nuestras amenazas,
nuestra sed de bondad,
nuestra sangre,
sectaria y caprichosa,
siempre en celo.

Revolución

Detrás del último verano,
algo más adelante,
pasando por la esquina del mal tiempo,
dejando atrás el barrio de las lluvias,
donde viven la hiel y el patrimonio
están las alamedas de las luces
de las que hablaba el pije de los trajes,
las que no deja ver el dios pecunia.

A ese dios
cortarle la cabeza es necesario,
y sin matarlo
unirla a nuestros cuerpos
para que lo alimente nuestra sangre de flores
de bienes intangibles, colecciones,
de afectos especiales.

Y en ese nuevo tiempo
es donde harán las nuevas estaciones
del calendario revolucionario
las hijas de los hombres silenciosos,
lectores de las cuentas de los otros
en las redes sociales.

No pasará tan tarde ni tan lejos
un hijo de inmigrantes avispado
y encontrará la forma del trasplante:
cabeza en cuerpo nuevo,
un cuerpo diferente cada mes,
que sienta el desarraigo.

Que pase por la filas y la espera
por el transporte público,
por el anonimato y por el fraude
como única forma de sustento,
como supervivencia.

Que pruebe a descubrirse,
que se drogue con ganas
con sueños ilegales,
que piense desde ahí si quiere eso:
seguir con su consumo, compra y venta.

Después lo devolvemos
a su cuerpo cuidado
de genética en franca decadencia.
A ver cómo le sienta
la sangre que se habrá contaminado
con todas nuestras vidas,
nuestras publicaciones habituales,
nuestros enfrentamientos por su causa,

nuestra infidelidad y nuestra envidia
nacida de lo inútil de su cargo.

A ver qué pasa entonces,
qué va después de lo insustituible.
si abdica o se suicida
o si, por el contrario,
nos seduce de nuevo.

En 2154 Mohammed Amar Sánchez, médico español, desarrolló con éxito una técnica para trasplantar un cuerpo humano entero seccionando el cuello mediante micro perforaciones láser meticulosamente estudiadas. Eso permitió, tras una conspiración que involucró a altos cargos políticos, médicos y militares, cortarle la cabeza a la última reina de España. Cabeza que fue sucesivamente trasplantada en diferentes miembros del cuerpo social español, elegidos por un programa de inteligencia artificial en base a su estatus, nivel de ingresos, formación y actividad profesional; y que tras ese periplo fue devuelta a su cuerpo original. Cuerpo y cabeza reunidos de nuevo abdicaron del trono, lo que dio lugar al proceso de transmutación histórica conocido como La Revolución Española.

Tras leer este último texto relea por favor el poema anterior. Gracias.

Muerte

Merodeamos siempre
en los alrededores de la muerte
como el niño que juega junto a un pozo,
ignorando la inmediatez de lo irreversible.

Si supiésemos cuánta nada nos espera,
si pudiésemos intuir al menos
qué infinita cantidad de nada nos aguarda
en esa caída, ese caer infinito que somos,
nos tomaríamos nuestros juegos junto
    al abismo
mucho más en broma.

Madurez

Nos morimos a trozos en las muertes
    de los demás.
Somos nosotros lo que hay dentro
de las cajas que vemos enterrar.
Esos trozos inertes nos mirarán después
desde el techo del dormitorio.

Hasta que un día
haya más parte arriba
y veamos lo muerto
debajo de nosotros,
acostado en la cama.

Honestidad
(Contradicción)

Las ganas de decir
abocan irremediablemente
a la contradicción.

El decir a la contra
aboca incomprensiblemente
al silencio de los demás.

Hay dueños de la palabra
como pretende haberlos
de lo que no se puede escribir.

Son esos dueños de lo dicho
y los supuestos dueños de los dioses
los que nos amenazan cada noche.

Estética

Ahora que lo normal
ha devenido en normativo
ya nada es subnormal,
ni anormal.

Prohibimos palabras
para esconder detrás lo que ha ocurrido.
Maquillaje factual,
la cirugía estética es política,
la ciencia dominante en nuestros días,
nuestra filosofía.

El ágora es quirófano
tres milenios después de lo de Atenas
y no sé si debemos
sacar conclusiones
o sacar las uñas.
Como gatos metafísicos,
estamos a la vez muertos y vivos.

Trabajo

> Solo trabajan los desocupados, los que
> no tienen nada que hacer, ningún proyecto.
> Celso Castro. *El afinador de habitaciones.*

Soñabais con ir a vivir a una calle nueva
    y ancha,
sin tiendas ni bares.
Urbanismo inédito: lejos pero al lado.

Pues ya lo tenéis,
tenéis el frío y la distancia,
los edificios sin locales en la planta baja.
Ya podéis ir a jugar al Monopoly
con vuestra vida, en casa.

Desde allí
enseñadnos las vísceras del coche,
los huesos del reloj.
A ver de qué estáis hechos
a ver cómo son,
cómo sois
de caros.

Humanismo
(Merece la pena)

No es descartable que seamos la única
especie capaz de compartir sus sueños.

Merece la alegría y no la pena
después de nada y todo lo vivido,
del conversar tranquilo y del abrazo,
del beso del verano.

Merece la alegría y no la pena
dentro de este trayecto interminable
un día entero juntos por delante,
ventanas sin cristales.

Merece la alegría y no la pena
ser parte de los otros, de su viaje,
romper sus decepciones, destruirlas.
Hacerlos importantes.

Merece la alegría y no la pena
cien mil pasos de *sapiens* buscadores
hechos de letras y tecnologías.
Merece la alegría.

Merece la alegría y no la pena
contar los años, aprender idiomas,

saber pensar como piensan muy lejos.
Llevarnos de la mano.

Merece la alegría y no la pena
no hacernos propaganda del desastre,
escoltar el futuro del extraño.
Soñar acompañados.

Merece la alegría y no la pena
sentarse a ver estrellas, criar hijos de nadie.
El ser, la eternidad y el infinito,
las manos de las madres.

Merece la alegría y no la pena
quedarse a disfrutar en lo pequeño,
saltar entre la espuma de los días.
Merece la alegría.

Tolerancia
(El antropólogo culpable)

Sale el estupefacto a las afueras
y el salvaje que ahora vive en los barrios
    periféricos
lo mira como se mira al blanco en el Alto
    Gambia.
(¡Tubab! ¡Tubab! —gritan por dentro).
Como miran las jinetas a los gatos
    domésticos
con sus lenguajes diferentes en el mismo
    idioma.

Se les extiende a ambos el odio
de sentirse antítesis contigua,
odio competitivo y animal
de saberse de la misma especie.

La incompatibilidad de las existencias
y de los complementos.

Y sin embargo,
en ocasiones y seres aislados,
aparece una dignidad en las formas
de incomunicarse,

una elegancia al observarse,
sólida, sin desafío ni amenaza
que está por encima de esa palabra:
        elegancia
y de sus posibles traducciones.

Fe

Fe es una palabra convulsa,
la alejáis de creencia para insuflarle vida,
pero el gancho de lo establecido
se la lleva a su agujero
con forma de venda en los ojos
y liberada, en la ceguera del resto,
profana las carencias
y bebe con afán y, con escarnio,
la soledad innata de cada ser humano,
deseosa de raíces que le faltan
como le falta cuerpo
y le falta alimento
y le sobra antifaz.

Materialismo

para Luis Cebrián

Acumulemos lo inmaterial hasta el exceso.

En la tierra sin suelo de los intangibles
sembramos hace tiempo nuestro
     campamento
para ver pasar de largo las mercancías.
Los buitres
que no seremos
no nos interesan.

Sabemos algo:
solo el olvido es pérdida en verdad,
lo demás es cambiar la basura de sitio.

Evolución

> La carga más pesada es por lo tan-
> to, a la vez, la imagen de la más intensa
> plenitud de la vida. Cuanto más pesada
> sea la carga, más a ras de tierra estará
> nuestra vida, más real y verdadera será.
>
> Milan Kundera, *La insoportable leve-
> dad del ser.*

Siempre buscando la hondura,
siglos atrás fuimos plumas
ligeras,
movidas por el viento.

El tiempo ha degradado la metáfora.

Ahora apenas
somos bolsas de plástico
atascadas de vez en cuando en algún árbol,
contaminados todos,
árboles, metáforas y plásticos
manchados
por la certidumbre
de la inevitable crueldad
que adorna nuestra historia.

Vida

Alguien pregunta:
¿Qué es estar vivo?
Estar vivo es jugar con lo salvaje.

En igualdad de condiciones:
sin condiciones.

Invocar con constancia cíclica
a la incertidumbre.

Identidad
(Conjeturas)

El cerebro es una máquina de predicción
y lo que vemos, oímos y sentimos no es más
que su mejor conjetura.

Anil Seth, *La creación del yo.*

A cada instante damos
laurel de la victoria a las hipótesis
para que no suceda lo abismal,
asesinando el resto de universos,
durmiendo en las tendencias y latencias
queremos ser pared, inconsistentes,
inventando balcones al futuro
que no están unidos
a ningún edificio.

Empatía

Los humanos de menos de dieciocho
        años hacen mucho ruido al morir,
(aunque no lo escuchéis)
cuando lo eligen ellos.

Las mujeres también hacen ruido
cuando las matan sus admiradores.
Antes morían en silencio.
Ambos.

Lo que se está secando empieza a hacer
        mucho ruido.

Morir de cáncer solo hace ruido a veces,
depende de quién seas.
Pero lo que más ruido hace
es vuestra intromisión,
es vuestra conversión
en propagadores de la propaganda,
vuestra opinión publicitaria.

Ruido ensordecedor, desagradable
ruido insensato,
ruido de periodista clandestino.

Yo no quiero hacer ruido,
ya lo hará este poema
que explote radiactivo,
os asalte las células,
os dejé sin pestañas y sin párpados
(los ojos siempre abiertos sin remedio)

y os queme las certezas.

Amistad

Somos todos muy serios
con nuestras referencias culturales,
nuestra profundidad,
nuestro Linkedin.

Pero, luego, el secreto
está más en la risa y en el vino,
que desdicen a Sartre,
haciendo que el infierno
ya no sean los otros
sino que se nos vayan
y nos queden sus huecos.

Resignación
(Etimología del verbo conformarse)

Conformarse es cambiar de forma,
adoptar la que no es nuestra
mientras se nos comen las ansias de pureza
y ella sigue ahí,
intocable,
cerca de los dementes,
de los escandalosos
y de los silenciados.

Conformarse es meterse en la tumba
        a medida,
a medida de otros.
Conformarse es
        adoptar la forma
        de nuestro ataúd.

Deber
(La obligación del joven)

La obligación del joven
es no mirar hacia la barbarie.

La barbarie no existe,
fue hace tiempo y la vencimos.
Bebemos la de ahora en pequeñas dosis.
El ojo acostumbrado la digiere
como quien se toma su jarabe
o su somnífero,
sabiendo que no le curará de nada,
que solo lo acostumbrará
o se la pintará de inevitable.

La obligación del joven
viene envuelta en derecho.

Derecho a definir los límites de su orgía,
a desabrochar el último botón
y chupar con ganas el contenido propuesto
hasta que la mente se lubrique
para que ya no duela el precio de la entrada:
el festival multitudinario es obligatorio.

Ahora nadie escapa de la juventud.

Vamos al escenario principal
para abrazar la zona inabarcable
de los que no van a despertar
porque no hay sueño.

Libertad

El hombre libre vive en el desierto de un
        planeta extraño
a miles de años luz de un hogar
        hipotético, borroso,
habita ese mundo como si fuese el suyo
con la duda
permanente:
¿No seré yo ese dios que me he inventado
para justificar todo esto?
¿No se me habrá olvidado
que fui yo quien construyó el universo?
¿O tendrán razón los dóciles?

Responsabilidad

Y cuando decimos que el hombre es responsable de sí mismo no queremos decir que el hombre es responsable de su estricta individualidad, sino que es responsable de todos los hombres.

Jean Paul Sartre

Hemos aprendido
a sentarnos a la mesa
a comer y cenar con lo cruel,
a que lo inhumano nos visite cada día,
desde un sitio cercano
que nos deja ver sin ser vistos;
un sitio en el que la sangre no huele a
      sangre
ni la carne quemada huele a carne
      quemada,
un sitio que nos hace conscientes,
pero no responsables.
Hemos aprendido a ver morir
como si no matásemos nosotros.

Tradición

La tradición es un invernadero de plástico
    un mediodía de verano
que cuece lógica, voluntades e instintos.
Hierve la sangre.

La tradición es el justificante de la
    ausencia de amor,
el parte de bajas de la fraternidad,
la sentencia de muerte de lo realmente
    sagrado.
Quema la piel.

La tradición la excusa del superfluo,
el chapoteo en el barro vacío de la banalidad,
el triunfo por goleada de las apariencias.
Rade el alma.

Por eso
hay que refundarla cada amanecer.
Cada día una nueva, pero siempre la misma:
la nuestra.
(Es necesario madrugar y ser puntuales).
Para convertirla exactamente en lo contrario:
voluntad, instinto, amor, fraternidad
    sagrada.

Justicia

Lloramos por lo injusto
con lágrimas domadas.
El látigo infeccioso de la expectativa
rompe nuestra entereza.
Culpamos al azar,
psicópata sin cara,
sin saber que lo justo es diminuto,
que más allá del ínfimo reducto
de nuestra voluntad
nada es justo ni injusto.
El mundo no está hecho de palabras
y menos de esas dos.
Lo bello, el equilibro,
lo cruel, lo completo,
lo infame, lo imposible,
no existen sin la boca que los nombre.

Diversidad

Una mujer
con la piel negra, siendo amable,
hablando a sus hijos,
en un país que no era el suyo,
en un idioma que no era el mío,
me pareció dios ya en otro libro.

No sé si por inentendible, me reafirmo
sin entender todavía.
Probablemente en ella,
en su gesto y mi mirada,
vague alguna clave
que nos descifre a ambos
y a ti.

ALGUNAS NOTAS PARA *EXCAVAR EN EL CIELO*

Nacho Escuín

Nota primera: el poeta solo es contracultural si de sentimientos habla.

De alguna manera, cuando viene a nuestra cabeza la imagen de un hombre desnudo pensamos en alguien que se ha quitado todo, por ejemplo, en una playa. Quizá también en alguien que posa para un fotógrafo de una revista, ya sea esta de moda o de aquellas que existían antes, cuando quitarse la ropa era todavía algo «revolucionario». Desnudarse hoy no lo es tanto, ya no es marca de rebeldía, pero sí lo es mostrarse absolutamente «sin nada» en lo que se refiere al interior de un individuo.

La era en la que vivimos ha aceptado el desnudo y lo ha normalizado —afortunadamente— pero mantiene algo de pudor por aquel que se sienta ante nosotros y vacía todo lo que cabe en su interior, si no está muerto por dentro o petrificado, o helado o yo qué sé. Vemos fotos de artistas desnudos, vemos fotos todos los días de famosos que llaman la atención de los medios, o pretenden hacerlo, sin darse cuenta de que ya no tiene nada de especial ni de extraordinario. Tenemos al alcance de un clic todos los desnudos que queramos, para esta y para tres vidas más. Tenemos a nuestra disposición todo el sexo que podamos consumir en cien vidas… eso ya no significa nada en esta sociedad en la que vivimos —en esta parte del mundo— y que acepta la desnudez como un estado tan natural como la ausencia de la misma. Afortunadamente, repito.

No hay película —exagero, pero no tanto— sin desnudo. No hay serie en la que no veamos una y otra vez cuerpos esculpidos. Pero de eso se trata, de desnudos hermosos, de cuerpos perfectos o perfeccionados a golpe de gimnasio. Quizá esa es la cuestión y una de las constantes de nuestro tiempo (o maldiciones): esculpirás tu cuerpo hasta hacerlo ¿bello? en un gimnasio rodeado de semejantes de cuerpos sudorosos. Pero no se trata de eso, al menos aquí.

El desnudo rebelde que se nos muestra en estos poemas no busca desesperadamente ser observado como bello, y eso no quiere decir que el autor no lo sea, o el personaje de los poemas que se corresponde por el tono autobiográfico y confesional con el nombre del autor. Tampoco quiero decir que estemos aquí ante una reivindicación de «lo feo» frente a «lo bello», pero sí estamos ante una declaración firme sobre eso que se entiende por canon de belleza. Una apuesta por la aceptación del individuo tal y como es, humano, repleto de taras, vivo y herido.

En la era del simulacro y del avatar mejorado en las mil y una redes en las que habitamos, mostrarse tal y como en realidad se es sí que es revolucionario. En estos tiempos en los que impera el retoque, la inteligencia artificial y la vida simulada antes que la real, los textos de alguien que no teme mostrarse ante el mundo tal y como es son extraordinarios, distintos, diferentes. Y ese es el desnudo de Santiago Vicente (Anazul, su avatar).

Nota segunda: La verdad solo importa en el poema.

Vivimos un momento histórico en el que la verdad se ha convertido en un material que pertenece al mundo de la ficción, o casi. Solo nos queda la confianza como hilo que mantiene viva la certidumbre de verdad frente al desasosiego que nos produce la opción de que no lo sea. Queda eso que Philippe Lejeune llamó «pacto autobiográfico», lo que entre lector y autor se denomina «pacto de lectura». Solo nos queda el anhelo crédulo de sentir que aquello que nos cuentan tenga un porcentaje razonable de verdad.

Nos sucede lo mismo con todo eso que se denomina autoficción y que fue acuñado por el francés Serg Dubrovsky, que la identidad narrativa que definió Paul Ricoeur como solución permita creer en eso. Necesitamos creer en la verdad por encima de cualquier otra cosa. Necesitamos saber que las relaciones de amistad o sentimentales son de verdad y no una ilusión. Necesitamos creer en la justicia, en los que nos representan. Necesitamos creer y tenemos una crisis realmente importante encima con todo eso.

Para creer a o en alguien necesitamos saber que podemos hacerlo, que podemos fiarnos, confiar. Confiamos en alguien cuando demuestra en el tiempo que es honesto, que tiene unos principios éticos elementales, que sus fundamentos son sólidos aunque, en ocasiones, estos puedan ser morales o moralizantes. Eso le sucede a la poesía de Santiago Vicente. Me la creo porque creo en él y creo a quien hay detrás de esa vida, de la narración de esas vivencias y de la proclamación de su manera de entender el mundo aunque tenga en algunas ocasiones demasiadas tentaciones de valorar lo que está bien y lo que no lo está. Pero eso es otro asunto.

Nota tercera: el «deseo de ser piel roja» de Santi Vicente.

El poeta no nace, se hace. Quien escribe primero lee, o quiero pensar que primero lo hace. Desde luego ese sí ha sido el recorrido del autor que aquí nos ocupa. Ante todo primero leyó, reflexionó sobre lo que leía y compartió esas reflexiones con aquellos que estuvimos dispuestos a entablar con él una conversación de tú a tú sobre poesía. Y deseó después ser poeta.

Llegó entonces un primer libro, que tiene todas las virtudes y defectos que tiene siempre un primer intento, pero agotó las existencias del mismo en un tiempo récord y volvió a recordarnos a muchos eso que debería ser un mantra para los poetas: desde la normalidad todo es más fácil para el poeta y para los que lo rodean.

Tuve la suerte de ser el editor de ese primer poemario y conviví con él en todo el proceso de escritura, correcciones y edición del mismo. En esta ocasión ese proceso ha sido aún más exigente y el resultado es un libro más hecho, contundente y que mantiene las virtudes que se veían en *Inercia y gravedad*. Además, ha corregido sin cesar este nuevo poemario para que se ajuste exactamente a lo que él quería hacer, para ser absolutamente honesto consigo mismo y con sus lectores.

A Santi le importan las personas que lo rodean. Vive de sus emociones porque es un ser absolutamente sensible, pero estas se manifiestan siempre con generosidad ante los demás. El polifacético creador que tan pronto compone canciones, diseña webs, gestiona grandes eventos culturales, etc., ahora es uno más ya con derecho propio en el grupo de poetas aragoneses que merece la pena tener en cuenta.

Merece la pena leer a quien ha decidido mostrarse ante nosotros tal cual es, a quien no ha querido manchar la verdad con «postureo». La vida no siempre es luminosa, pero esa es su gracia y su esencia, precisamente. Y Santi la vive así, desprovisto de todo aquello que lo esconda del mundo.

39   Honestidad (Contradicción)

40   Estética

41   Trabajo

42   Humanismo (Merece la pena)

44   Tolerancia (El antropólogo culpable)

46   Fe

47   Materialismo

48   Evolución

49   Vida

50   Identidad (Conjeturas)

51   Empatía

53   Amistad

54   Resignación (Etimología del verbo conformarse)

55   Deber (La obligación del joven)

57   Libertad

58   Responsabilidad

59   Tradicción

60   Justicia

61   Diversidad

63   Epílogo. Nacho Escuín

ÍNDICE

9 «En el idioma chino los conceptos...»

11 Génesis

12 Mandamientos

13 Determinación (Baile)

14 dios (Propuesta para el fin del conflicto religioso)

15 Costumbre

16 Necesidad (Indómito)

18 Convivencia (Brotes)

20 Autocensura (Todos somos verdugos)

21 Paraíso

23 Destino

24 Bondad (No todo está perdido)

25 Religión

27 Bien

28 Mal (Las cuidadoras)

30 Educación (Matamos poetas)

32 Privacidad

33 Dualidad (Los ojos de dios)

34 Revolución

37 Muerte

38 Madurez